AF603145

CASSANDRE-AGAMEMNON
ET
COLOMBINE-CASSANDRE,

PARODIE D'AGAMEMNON,

EN UN ACTE, EN PROSE,

MÊLÉE DE VAUDEVILLES;

PAR MM. BARRÉ, RADET, DESFONTAINES et ARMAND-GOUFEÉ.

Représentée, pour la première fois, à Paris, sur le Théâtre du Vaudeville, le Samedi 11 *Frimaire an XII* (2 *Décembre* 1803.)

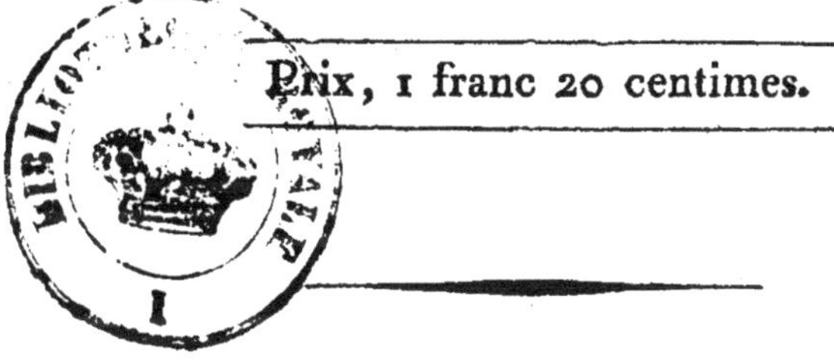

Prix, 1 franc 20 centimes.

A PARIS,

Chez Mme. MASSON, Libraire-Editeur de Pièces de Théâtre, rue de l'Echelle, No. 558, au coin de celle Saint-Honoré.

AN XII. (1804.)

PERSONAGES.	ACTEURS.
CASSANDRE-AGAMEMNON.	*Chapelle.*
ARLEQUIN-PRINCIPE.	*Delaporte.*
GILLES-PROBUS.	*Carpentier.*
COURTE-HALEINE.	*Fichet, Carles.*
TROTAS.	*Buisson.*
MADAME TRIMESTRE.	*Mad. Delisle.*
COLOMBINE-CASSANDRE.	*Mad. Dorsan.*
MODESTE.	*Mad. Minette.*

AVIS.

Il n'y a d'Edition avouée par l'Auteur, que celle dont les Exemplaires sont signés par l'Editeur. Elle poursuivra les contrefacteurs, conformément à la loi.

S'adresser pour les airs avec accompagnemens, au cit. Wicht, chef d'orchestre, au Théâtre du Vaudeville.

CASSANDRE-AGAMEMNON

ET

COLOMBINE-CASSANDRE.

SCÈNE PREMIERE.

ARLEQUIN-PRINCIPE, COURTE-HALEINE.

ARLEQUIN.

Tendre ami d'Arlequin, dis-moi, cher Courte-Haleine,
» Le succès de tes soins, de ta course lointaine,
» Du retour de Cassandre, a-t-on semé le bruit?

C.-HALEINE.

Non, l'on n'a rien semé.

ARLEQUIN.

Cassandre est donc couché dans l'éternelle nuit.

C.-HALEINE.

Je ne l'y crois pas couché.

ARLEQUIN.

Tu n'as donc rien à m'apprendre?

C.-HALEINE.

Pardonnez-moi.

Air : *Du petit marmot.*

Ayant perdu ma peine,
Sur les bords de la Seine,
J'ai couru dans Vincenne,
Et dans plus d'un canton.
J'ai visité Nanterre,
Saint-Mandé, Chenevière,
Neuilly, Pantin, Asnière,
Montmartre et Charenton :
J'ai consulté Sarcelle,
Interrogé Courcelle,
Le moulin de Javelle,
Ruelle,
Bagatelle,
Saint-Malo,
Et Saint-Lô,
Ivetot,
Et Chaillot,
Pas la moindre nouvelle,
C'est leur dernier mot.

ARLEQUIN.

Dernier mot qui ne signifie rien. Au surplus, voilà cinq ans que monsieur Cassandre, directeur de comédie, a quitté son théâtre de Paris, et madame Trimestre, sa femme, pour aller jouer les rois en pays étrangers; qu'il revienne, ou qu'il ne revienne, je suis décidé à garder sa femme, et à m'emparer du théâtre.

C.-HALEINE.

D'un projet si hardi, tu ne rougirais pas ?

ARLEQUIN.

Arlequin, rougir !... Jamais.

C.-HALEINE.

Mais songe donc que Cassandre et toi, vous êtes parens.

ARLEQUIN.

Malheureusement, c'est bien la plus vilaine parenté qu'il y ait au monde : chacun sait l'épouvantable inimitié qui règne entre la branche des Cassandres et des Arlequins : ceux qui ne le savent pas, n'ont qu'à lire l'histoire.

C.-HALEINE.

C'est donc pour cela, que tu t'ès introduit dans la maison, sous le nom de Principe?

ARLEQUIN.

Oui, mais ce nom me fatigue.

C.-HALEINE.

Je le crois bien, le nom de principe te va mal.

ARLEQUIN.

Vois-tu cette batte ?.... C'est un présent de mon père.... Je la réserve à Cassandre.

C.-HALEINE.

Joli cadeau.

ARLEQUIN.

Air : *Aussi-tôt que la lumière.*

Que ce roi de tragédie
Ose rentrer en ces lieux,
Et cette batte hardie,
Soudain, l'immole à tes yeux.
Longtems, on m'a cru malade;
Je sors de mes longs ennuis :
Il est tems qu'une parade
Révèle, enfin, qui je suis.

C.-HALEINE.

» Ainsi donc tes destins sont inconnus encore?

ARLQUIN.

» Trimèstre les connaît, la troupe les ignore.

C.-HALEINE.

» Mon cher, Trimestre est femme...

ARLEQUIN.

Je le sais.

C.-HALEINE.

„ A son cœur indiscret,
„ Fallait-il confier ton nom et ton secret?

ARLEQUIN.

Mon ami, je lui devais ça.

C.-HALEINE.

Tu l'aimes donc beaucoup?

ARLEQUIN.

Que tu ès simple! Courte-Haleine!

Air: *Vaudeville de la Soirée orageuse.*

A cet objet sensible, aimant,
Lorsqu'en ces lieux je rends les armes,
On croit que trop au vulgaire amant,
Je n'envisage que ses charmes;
Je vois, avec réflexion,
Dans les beaux yeux de ma princesse,
La caisse et la direction,
La direction et la caisse.

C.-HALEINE.

Tu vises au solide, c'est bien, et tu n'auras pas de peine à réussir, car tu as tourné la tête à cette femme-là.

ARLEQUIN.

Il est vrai; cependant....

C.-HALEINE.

Des craintes?

ARLEQUIN.

Air: *Du pauvre monde.*

Elle a le cœur ombrageux et jaloux,
L'esprit actif, l'ame orageuse,
Et, sans égards, pour monsieur son époux
Elle est de moi très-amoureuse.
Pour prouver chaque jour,
L'excès de son amour,
Elle est, mon cher, en ressources féconde:
Cette conduite-là me plaît;
Mais une chose me déplaît,
C'est qu'elle s'en vante à tout le monde.

C.-HALEINE.

Eh! bien, ça te sauve l'indiscrétion.

ARLEQUIN.

Mais, pas l'inquiétude.

C.-HALEINE.

Tu as raison, car si Cassandre allait revenir, et que quelqu'un de la troupe ayant reconnu Arlequin...

ARLEQUIN.

Aucun ne me soupçonne... pas même le précepteur du petit modeste, *ce Gilles Probus*. qui ne peut pas me souffrir, et que je ne dois pas aimer.... à propos, t'ai-je conté mon rêve ?

C.-HALEINE.

Non.

ARLEQUIN.

Eh ! bien, tu vas l'entendre.

Air : *Toujours debout, toujours en route.*

Mon ami, je n'y voyais goute,
J'ai vu l'enfer m'ouvrir sa route,
J'ai vû des tombeaux,
Des lambeaux ;
J'ai vu des fantômes livides
Danser avec les Euménides ;
J'ai vu des torches, des flambeaux,
Des souterrains et des caveaux ;
J'ai vu mille monstres risibles,
Horribles,
Terribles,
Nuisibles.
J'ai vu, du milieu des damnés,
Tysiphone me rire au nez ;
J'ai vu le père des Atrides,
Boire au tonneau des Danaïdes.
Dans sa barque, j'ai vu Caron
Pêcher au bord de l'Achéron.
De Thiesto, j'ai vu la coupe,
Où Cerbère mangeait la soupe :
J'ai vu des debris disperses,
Des plats rompus, des pots cassés ;
Enfin, dans ces lieux effroyables,
J'ai vu, sous la griffe des diables,
Des macaronis renversés.....
Je crois que c'est t'en dire assez.

C. HALEINE.

Bien assez.

ARLEQUIN.

De tant d'objets divers quel est donc le présage ?

C. HALEINE.

Je n'en sais rien.

ARLEQUIN.

Au surplus.

Air : *La plus belle promenade.*

N'est-ce pas un bien beau rêve,
Que le reve que j'ai fait ?

C. HALEINE.

Ma foi, non, c'est bien le rêve
Le plus vilain qu'on ait fait :
Mais, console-toi, ce rêve,
D'autres, avant toi, l'ont fait,
Ainsi mon ami, ton rêve,
Tu rêves que tu l'as fait.

ARLEQUIN.

Paix, voici Gilles Probus.

SCÈNE II.

LES PRÉCÉDENS, GILLES PROBUS.

ARLEQUIN.

COMME il vient vîte, comme il a l'air content !

GILLES P.

Je ne m'en cache pas.

Air : *Nanon dormait.*

Ah ! l'heureux bruit
Qui vient de se répandre !
Chacun se dit
Qu'on va revoir Cassandre,
Et même, avant la nuit.

ARLEQUIN.

Quel bruit ! quel bruit !
Sortons, interrogeons ce bruit..

(*Il sort avec Court-Haleine.*)

SCENE III.

GILLES PROBUS, MAD. TRIMESTRE.

GILLES.

VA, va, et que le diable t'emporte, maudit Principe... Et nous, entrons chez la directrice... Mais, la voici.

Mad. TRIMESTRE.

Je te cherchais, précepteur de mon fils, j'aime à causer avec les vieux.

GILLES.

Grande nouvelle, madame Trimestre ; monsieur Cassandre n'est pas loin.

Mad. TRIMESTRE.

Il arrive ! comment ? par où ?

GILLES.

Par le coche d'eau.

Mad. TRIMESTRE.

Ah! mon dieu! qui est-ce donc qui peut dire cela?

GILLES.

Air : *Du ballet des Pierrots.*

Ce Grec qui s'élève avec gloire,
Jusquau plus haut du firmament,
Ce Grec qui, de l'Observatoire,
Lit dans les cieux tout couramment,
Ce Grec dont la vue est sans borne,
Ce Grec qui distingue, d'ici,
Et Vénus et le Capricorne,
Vient d'appercevoir ton mari.

Mad. TRIMESTRE.

Il l'a vu?

GILLES.

Il l'a distingué près de Corbeille, sur le tillac du coche de sens.

Mad. TRIMESTRE.

Hélas!

GILLES.

Te voilà bien contente?

Mad. TRIMESTRE.

Enchantée..... Combien te faut-il, pour ta bonne nouvelle?

GILLES.

Tu ne la trouves pas bonne.... Ma foi, j'ai cru te faire plaisir. Après les brillans succès qu'il a obtenus dans la capitale de la Champagne, où il a si long-tems joué les rois en chef, et sans partage.

Mad. TRIMESTRE.

Hé! qu'est-ce que ça me fait à moi?

GILLES.

Quoi! lorsqu'avec sa troupe, il revient plein de joie,
Glorieux et chargé des dépouilles de Troye!...

Mad. TRIMESTRE.

Ah! je me souviendrai long-tems de ce maudit voyage; il m'a coûté ma pauvre fille.

GILLES.

Ne pense plus à ce couvent.

Mad. TRIMESTRE.

Air : *du Vaudeville de Florian.*

Hé! quand il arrive aujourd'hui,
Puis-je oublier sa perfidie!
Puis-je oublier que j'ai par lui,
Perdu ma fille Virginie!
Elle venait, avec succès,
De débuter dans les Coquettes,
Et saisi d'un pieux accès,
Monsieur la campe aux Récollètes.

GILLES.

Le destin l'ordonait. Tu sais bien que s'étant fait dire sa bonne aventure, le sorcier Cocasse lui prédit que pour réussir à Troye, il fallait sacrifier sa fille.

Mad. TRIMESTRE.

Oui, et pour revenir heureusement, il a, sans doute, fait vœu de mettre mon fils Modeste, aux Minimes; mais je suis-là.

GILLES.

Voilà un mari qui sera bien reçu, bien fêté.... Je vois d'où vient tout ceci... c'est le fruit des conseils...

Mad. TRIMESTRE.

Quel soupçon, ah dissipe.

GILLES.

Je ne dissipe rien, et j'accuse Principe.

Mad. TRIMESTRE.

Principe !.. Est-ce que tu te douterais de quelque chose?

GILLES.

Pardi ! ça n'est pas difficile ; tu ne te gênes pas.

Mad. TRIMESTRE.

Eh! pourquoi me gênerais-je ?

Air : *C'est bien la faute du guet.*

Mon mari s'en va, me fuit,
Ce n'est pas ma faute,
Un jeune amant me poursuit,
Il devient mon hôte :
Il est loin, le vieux mari,
Et le jeune homme est ici ;
C'est la faute du mari,
Ce n'est pas ma faute.

GILLES.

Et tu ôses faire un pareil aveu !

Mad. TRIMESTRE.

Pourquoi pas !

GILLES.

Air : *Des rigueurs du cloître.*

Ah ! quel scandale abominable,
Quel déshonneur....

Mad. TRIMESTRE, *l'interrompant.*

Insolent !

Air : *D'aignez m'épargner le reste.*

Toi qui fais ici le docteur,
C'est mon fils que tu dois reprendre,
C'est pour être son précepteur,
Que t'a choisi monsieur Cassandre,

Tu peux donc corriger l'enfant,
Si l'enfant est répréhensible ;
Mais, la mère, c'est différent.

GILLES.

Très-différent, j'en suis garant,
Car je la crois incorrigible.

Mad. TRIMESTRE.

Tu te trompes, pédant, car tel que tu me vois, je suis peut-être sur le point de me corriger.

GILLES.

Ah! tant mieux.

Mad. TRIMESTRE.

Mon mari est sur le coche, les eaux sont basses, il fait du vent...

GILLES.

Et tu crains ?....

Mad. TRIMESTRE.

Air : *Appelé par le dieu d'amour.*

Si le ciel au gré de mes vœux,
De Cassandre me débarrasse,
Avec mon bon ami, je veux,
De mes torts effacer la trace :
A Principe, donnant ma main,
Je ne craindrai plus qu'on me blâme,
Ainsi, tu vois que dès demain,
Je puis être une honnête femme.

GILLES.

C'est ce que je te souhaite. (*Il sort*)

SCÈNE IV.

MAD. TRIMESTRE, *et ensuite* ARLEQUIN, TROTAS.

Mad. TRIMESTRE.

Avec ça, j'ai de l'inquiétude, et beaucoup. Je ne suis pas née heureuse !.... Cassandre peut arriver à bon port.... Ah! c'est toi, Principe, j'ai à te parler.

ARLEQUIN.

Parle d'abord à ce confident que ton mari t'envoie du Port-à-l'Anglais.

Mad. TRIMESTRE.

C'est Trotas !

TROTAS.

Lui-même, enchanté de te revoir, madame Trimestre, et de te confirmer l'arrivée de ton mari.

Mad. TRIMESTRE.

Il n'y a donc plus de doute ?

TROTAS.

Pas le moindre.

Mad. TRIMESTRE.

Bien obligé.

TROTAS.

Air : *Mon père était pot.*

Quand du retour de ton époux,
J'apporte la nouvelle,
Dans tes regards chastes et doux,
Le plaisir étincelle,
Ta fidelle ardeur...

Mad. TRIMESTRE.

Ma fidele ardeur !

TROTAS.

Déjà remplit ton ame.
Ta prompte rougeur,
Ta noble pudeur.

Mad. TRIMESTRE, *fièrement.*

Monsieur, point d'épigramme.

Laisse-nous, et va te rafraichir.

TROTAS.

Avec plaisir, mais auparavant, il est important que je te prévienne que ton mari revient avec une demoiselle..

Mad. TRIMESTRE.

Une demoiselle !

TROTAS.

Très-demoiselle, car elle n'a jamais été mariée.

Mad. TRIMESTRE.

Et vous la nommez ?

TROTAS.

Colombine-Cassandre, fille du directeur du petit théâtre de Troye, que le grand talent de ton mari a fait tomber. On l'appelle Colombine-Cassandre, à cause de son mérite.

Mad. TRIMESTRE.

Quel est donc ce mérite ?

TROTAS.

Air : *Paris est au Roi.*

C'est une beauté,
Pleine de fierté,
Chacun est enchanté
De sa majesté,
Elle a de grands bras,
Et marche à grands pas,

Pousse de grands hélas,
Fait un grand fracas.
Elle avance
En silence,
Et puis, à tort, à travers,
Elle cause,
Et pour cause;
Prédit en grands vers,
De très-grands revers.

Enfin, madame;

C'est une beauté,
Pleine de fierté,
Chacun est enchanté,
De sa majesté,
Elle a de grands bras
Et marche à grands pas,
Pousse de grands hélas,
Qu'on n'écoute pas.

Mad. TRIMESTRE.

C'est bon, quand vous verrez nos acteurs rassemblés,
Et Cassandre avec eux, qu'on m'avertisse. Allez.

TROTAS.

Tiens! qu'on m'avertisse; allez.... Je la tutoie, et elle ne me tutoie pas!... C'est égal. (*Il sort.*)

SCÈNE V.

MAD. TRIMESTRE, ARLEQUIN.

ARLEQUIN.

Que résout donc Trimestre?

Mad. TRIMESTRE.

» Ah! de crainte glacée,
» Cent projets différens, occupent ma pensée,
» Le trouble de ce cœur, qui ne se connait plus,
» Pousse, arrête, confond mes vœux irrésolus.

ARLEQUIN.

Pousse, arrête, confond!... qu'est-ce que tu veux dire?

Mad. TRIMESTRE.

Air: *Tous les bourgeois de Chartres.*

Mon époux va paraître,
Cher amant, son retour,
Pour lui, devrait peut-être,
Réveiller mon amour.

ARLEQUIN.

Votre amour! dites-vous?
Vous me la donnez belle,
Voilà bien, madame, entre nous,
De votre amour pour votre époux,
La première nouvelle.

Mad. TRIMESTRE.

Mais tu entends bien, mon ami, que la décence.... la bienséance...

ARLEQUIN.

» Eh ! crois-tu que mon âme eût épousé la tienne,
» Si ta colère alors n'eût épousé la mienne ?

Mad. TRIMESTRE.

Air : *Mes enfans nous avions résolu.*

Faut-il donc qu'un amant si chéri,
Contre moi se fâche d'avance,
Qnand je veux avoir pour mon mari,
De petits égards sans conséquence ?
Je fais ce qu'ici je me doi,
Ce que fait toute honnête femme.

ARLEQUIN.

Je sais que vous l'êtes, madame,
Et chacun le sait comme moi.

Mad. TRIMESTRE.

Mon cher, va te cacher, l'honneur t'en fait la loi.

ARLEQUIN.

Air : *Guillot Guillot.*

Moi ! me cacher ! moi dont la noble audace,
Depuis long-tems, brûle de se venger.
Moi, me cacher ! moi qui toujours menace,
Qui cours toujours au devant du danger !
Moi ! me cacher ! moi, quand l'honneur m'oblige,
De mettre ici le comble à mes forfaits !
Moi ! me cacher !...

Mad. TRIMESTRE.

Va te cacher, te dis-je.

ARLEQUIN.

Moi ! me cacher !... Eh bien, morbleu ! j'y vais.

(*Il sort.*)

SCENE VI.

MAD. TRIMESTRE, GILLES PROBUS.

Mad. TRIMESTRE.

IL le fait comme il le dit, et il fait bien, car voilà quelqu'un.

GILLES.

Quoi ! femme d'Agamemnon....

Mad. TRIMESTRE.

De Cassandre.

GILLES.

C'est ce que je voulais dire.
» Quand mille cris de joie allant frapper les cieux,
» Annoncent que ses pas approchent de ces lieux.

Mad. TRIMESTRE.

Des cris allant, des pas qui approchent.... Explique-toi.

GILLES.

Air : *De la Catacoua.*

Lorsqu'ici ton époux arrive,
Pardonne à mon sage conseil,
Tu n'ès pas encor sur la rive,
Pourquoi donc un retard pareil ?
Nous sommes tous sur le qui-vive,
Prêts à le serrer dans nos bras.
C'est un fracas,
Un embaras,
Du port saint Paul, au port saint Nicolas.
Chacun se montre
A sa rencontre
Et sur ces pas,
Tu ne vas
Pas !

Mad. TRIMESTRE.

Est-ce qu'il est bien nécessaire que j'aille au devant de lui ?

GILLES.

Ça ne serait pas plus mal : mais ce n'est pas la peine, j'entends arrêter une voiture, c'est ton mari.

(*Ici l'orchestre joue une marche.*)

SCÈNE VII.

LES PRÉCÉDENS, CASSANDRE, MODESTE, COLOMBINE, *Troupe de Cassandre.*

CASSANDRE, *pleurant de joie.*

Air : *Du port Mahon.*

Salut, murs du théâtre,
Orchestre, loges, amphithéâtre,
Et vous que j'idolâtre,
Parterre et paradis,
Bon jour tous mes amis,
Bons amis,
Chers amis.
Mes vieux yeux attendris,
De larmes sont remplis.

CHŒUR.

Salut, murs, etc.

TOUS.

Bon jour, monsieur Cassandre, bon jour.

MODESTE.

Bon jour, papa.

CASSANDRE.

Bon jour, mon petit Modeste, mon cher enfant... mais, ma chère femme, tu ne me dis rien!.. pourquoi ce silence?

Mad. TRIMESTRE.

Ah! mon ami, le plaisir, la joie...

CASSANDRE.

C'est tout simple. En ce cas, prépare nous un bon soupé, un grand soupé, dans le grand foyer, je régale tout le monde.

GILLES, *à Cassandre.*

Cher directeur, veux-tu permettre que ton fidèle sujet?..

CASSANDRE.

Veux-tu? que ton?... Qu'est-ce que c'est que ce ton-là?

GILLES.

Celui que nous avons pris en ton absence, nous nous tutoyons tous comme de vrais Grecs.. ta femme aussi.

CASSANDRE.

Ma femme aussi! eh bien! je n'aime pas ça.

Air : *de Joconde.*

Probus, cet usage peut naître,
De l'amour ou de l'amitie,
Mais il ne convient pas qu'un maître
Par son sujet soit tutoyé.
Ce ton-là, pour cause me blesse,
Tâchons entre nous, mes amis,
De joindre aux vertus de la Grèce,
La politesse de Paris.

GILLES.

Nous tâcherons d'y revenir.

CASSANDRE.

Et vous ferez bien.

MODESTE.

Ah! mon petit papa, je n'ôse pas vous embrasser, mais avant de souper, j'ai bien envie de baiser votre costume.

CASSANDRE.

Quelle idée!

GILLES.

Laissez-le faire; je lui ai donné de l'esprit.

MODESTE.

Air : *Jupiter en jour en fureur.*

De Priam je vois le bandeau,
Et la cuirasse de Pompée,
D'Achille voila bien l'épée,
D'Auguste voici le manteau,

Ainsi, dans ma pieuse ivresse,
En toi, cher papa, je le vois,
Je puis baiser tous les rois,
Oui, tous les rois, à la fois,
De Rome et de la Grèce.

GILLES.

Eh bien, vous l'entendez, vous ai-je volé votre argent ?

CASSANDRE.

Mon ami, j'en pleure de joie.

MODESTE.

Ah ! mon papa ! si j'étais aussi vieux que toi....

CASSANDRE.

Cela viendra... Il est charmant. (*Il le baise.*)

Air : *Bouton de rose.*

Fils de Cassandre,
On voit bien, à ce peu de mots,
De quel père tu peux descendre.
Un jour, tu feras un héros
Comme Cassandre.

Mad. TRIMESTRE.

Mais, monsieur mon époux, vous nous parlez de politesse et vous laissez-là, dans un coin, cette demoiselle... vous ne lui offrez pas seulement une chaise.

CASSANDRE.

Ma foi, je l'avais oubliée.

Mad. TRIMESTRE.

Approchez, mademoiselle, approchez : quoique vous arriviez ici d'une manière assez équivoque, soyez sûre que vous trouverez chez nous, tous les égards dûs à la fille d'un directeur ruiné. (*Colombine la fixe avec effroi.*) Mais, pourquoi me regarde-t-elle comme ça ?

CASSANDRE.

C'est qu'elle est phisionomiste..... C'est une élève de *Lavater.*

Mad. TRIMESTRE.

En vérité !

CASSANDRE.

Rien qu'en vous voyant, elle devine qui vous êtes.

Mad. TRIMESTRE.

Bah !

COLOMBINE.

Cette femme-là... Hum...

Mad. TRIMESTRE.

Qu'est-ce que c'est que... hum...

CASSANDRE.

Auriez-vous, mademoiselle, quelque chose à prédire ?

COLOMBINE.

Toujours.... toujours, mais c'est comme si je ne parlais pas.

GILLES.

En ce cas-là, pourquoi parlez-vous?

COLOMBINE, *d'un ton d'imprécation.*

Air : *De la Forêt noire.*

J'ai prédit qu'on ferait beaucoup
De folles tragédies ;
Qu'on verrait tomber, coup sur coup,
Drames et comédies ;
J'ai dit, que mille traducteurs
Imitateurs,
Dépouillant nos anciens auteurs,
Voleraient leur esprit, sans atteindre à leur gloire,
Et jamais, non, jamais on n'a voulu me croire.

GILLES.

C'est incroyable.

CASSANDRE, *à Gilles.*

Chut! ça n'est pas fini.

COLOMBINE.

Même air.

J'ai prédit que l'on verrait trop
De théâtres en France,
Et qu'on les verrait tous, bientôt,
Tomber en décadance.
J'ai prédit que les allumeurs
Et les tailleurs,
Décorateurs
Et fournisseurs,
En vain, aux directeurs
Porteraient leur mémoire,
Et jamais, non, jamais, on n'a voulu me croire!

Même air.

J'ai prédit que plus d'un mari....

Mad. TRIMESTRE, *l'interrompant.*

Arrêtez, mademoiselle, en voilà bien assez pour une fois.

CASSANDRE.

Elle devient folle... Gilles-Probus, donnez-lui la main et conduisez-là dans sa loge; moi, je vais donner des ordres pour le souper.

(*Gilles donne la main à* Colombine *et l'emmène sans rien dire ; tous sortent, excepté madame Trimestre.*)

SCENE VIII.

MAD. TRIMESTRE, *seule.*

LE voilà donc arrivé, ce mari que nous n'attendions plus.. Que vais-je faire d'Arlequin? que deviendra mon faux Principe !... Cassandre sera toujours sur nos talons.

Air : *Vaudeville de oui et non.*

Pour lui dérober notre amour,
Quel embaras sera le nôtre !
Mentir deux ou trois fois par jour
Je le pourrais tout comme une autre ;
Mais à manquer de loyauté,
Me voir sans cesse condamnée !
Ah ! j'aime trop la vérité
Pour mentir toute la journée.

SCENE IX.

MAD. TRIMESTRE, GILLES-PROBUS.

Mad. TRIMESTRE.

TE voilà ! dis-moi bien vîte si le jeune homme en question est en sûreté !

*GILLES.

Très-en sûreté, car ton mari vient de l'enfermer dans le magasin.

Mad. TRIMESTRE.

Dans le magasin ! c'est toi qui m'as trahie.

GILLES.

Moi ! te trahir ! moi ! brouiller ton ménage !... Ah!

» J'ai, comme dit cet autre, outre mes beaux discours,
» Toujours à ton service, un resre de vieux jours.

Mad. TRIMESTRE.

Eh ! garde tes vieux jours, et dis-moi ce que mon mari va faire de son prisonnier ?

GILLES.

Il va l'interroger.

Mad. TRIMESTRE.

Il a donc des soupçons ?

GILLES.

Dame ! un homme qui se cache....

Mad. TRIMESTRE.

C'est vrai ; voici Cassandre, je me sauve.

» Toi, de leur entretien, tu m'apprendras l issue,
» Si Cassandre se fâche, et si ma flamme est sue.

(*Elle sort.*)

GILLES.

Si sa flamme est sue !...

SCENE X.

CASSANDRE, GILLES - PROBUS.

CASSANDRE.

ENFIN, nous sommes seuls, et tu vas me parler à cœur ouvert.

GILLES.

Pourquoi ?

CASSANDRE.

Ma femme m'a reçu bien froidement.

GILLES.

Ça ne me regarde pas.

CASSANDRE.

Sais-tu quel est cet étranger qui se cachait dans le magasin, où j'ai si bien fait de l'enfermer ; est-il de la troupe ?

GILLES.

Non, c'est un amateur.

CASSANDRE.

Pourquoi n'est-il pas venu au devant de moi ?

GILLES.

Il tenait compagnie à ta femme.

CASSANDRE.

Ah ! ah !... ça me fait penser à une chose.

Air: *Que le sultan Saladin.*

Ma femme, avant mon départ,
N'a pas fait le moindre écart :
Mais pendant ma longue absence,
Réponds-tu de sa constance ?

GILLES.

Moi, je ne réponds de rien,

CASSANDRE.

De rien !

GILLES.

De rien.

CASSANDRE.

C'est une femme de bien...

GILLES.

Et qui jamais ne s'émancipe
Qu'avec principe.

CASSANDRE.

Quel est ce Principe ?

GILLES.

C'est ce jeune homme en question, qui s'appelle comme ça... On vous l'amène.

CASSANDRE.

Sur quoi vais-je l'interroger ?

GILLES.

Parbleu ! sur ce que vous voudrez... Asseyez-vous-là, vous serez plus à votre aise.

(Il lui présente un fauteuil.)

SCENE XI.

LES PRÉCÉDENS, ARLEQUIN, *conduit par deux garçons de théâtres.*

CASSANDRE, *assis.*

APPROCHE, et n'aie pas peur ; comment t'appelles-tu ?

ARLEQUIN.

Principe.

CASSANDRE.

Tu n'as pas d'autre nom ?

ARLEQUIN.

Non.

CASSANDRE.

Quel est ton état ?

ARLEQUIN.

Le tien.

CASSANDRE.

Ton pays quel est-il ?

ARLEQUIN.

L'Europe est ma patrie,
Mes frères m'ont chassé du théâtre de Bric,
Ta femme a bien voulu me recevoir chez toi,
Et n'a pas craint d'avoir quelques bontés pour moi.

Tu sais tout.

CASSANDRE.

Est-ce bien vrai, ce que tu dis-là ?

ARLEQUIN.

Très-vrai.

CASSANDRE.

Tant mieux, car je n'aime pas les menteurs... Monsieur, je vous demande bien pardon de toutes mes questions ; mais puisque vous êtes du métier, vous savez qu'un directeur de spectacle a des précautions à prendre...

ARLEQUIN.

As-tu d'autres questions à me faire ?

CASSANDRE.

Ma foi non.

GILLES.

Mais, monsieur l'étranger, quand on n'a pas de mauvais dessein, on ne se cache pas.

CASSANDRE.

C'est vrai.

GILLES.

On ne change pas de visage, on n'a pas cette pâleur..

CASSANDRE.

C'est encore vrai.

GILLES.

On ne parait pas devant son juge, avec des armes.

CASSANDRE.

Non, jamais.

ARLEQUIN.

Pourquoi me les a-t-on laissées ?

CASSANDRE.

En effet ! pourquoi les lui a-t-on laissées ?

ARLEQUIN.

Ah ! je n'y tiens pas... pour l'usage que j'en veux faire...

GILLES.

Rends.

ARLEQUIN.

Prends.

CASSANDRE, *saisissant la batte.*

» Ciel un sabre de bois ! c'est ce sabre odieux,
» Dont jadis Dominique a frapé mes ayeux,

C'est Arlequin.

ARLEQUIN.

Qui !

CASSANDRE.

Toi.

GILLES.

Lui !

CASSANDRE.

Air : *Mon cousin l'allure.*

Corbleu ! c'est Arlequin,
Mon cousin,
Voilà bien son armure.

ARLEQUIN.

Oui, tu vois Arlequin,
Ton cousin,
C'est assez d'imposture,
Mon cousin,
Tu vois Arlequin,

Taquin,
Lutin,
Mutin,
C'est de ton cousin
L'allure.

CASSANDRE.

Et tu comptes rester ici?

ARLEQUIN.

Je m'en flatte.

CASSANDRE.

As-tu donc oublié les crimes des Arlequins envers les Cassandres?

ARLEQUIN.

Oh! les crimes...

CASSANDRE.

Regarde... ils sont écrits sur toutes nos coulisses.

(Il montre le côté d'Arlequin Afficheur.)

C'est-là que pour monter chez une demoiselle,
Un Maudit Arlequin m'a fait tenir l'échelle.

(Le côté de Colombine Mannequin.)

C'est en ces lieux, c'est-là qu'un perfide Arlequin,
M'a fait causer une heure avec un mannequin.

(Le milieu de la Scène.)

Pour entendre un concert dont on fesait l'éloge,
C'est-là que me donnant un paravent pour loge,
Un infâme Arlequin, m'a, j'en frémis d'effroi,
Conduit à l'opéra, sans sortir de chez moi.

GILLES.

Ah! mon dieu oui. J'ai vu tout ça.

CASSANDRE.

» Jamais crimes suivis de tels amas d'horreurs,
» Ont-ils mieux signalé les humaines fureurs.

GILLES.

Je ne le crois pas.

ARLEQUIN.

Mais, moi, quels sont mes torts?

CASSANDRE.

Ta naissance; tous les Arlequins sont des traîtres.

ARLEQUIN.

Tous les Cassandres sont des imbéciles.

CASSANDRE.

Là, vous l'entendez... mais, je ne souffrirai pas...

ARLEQUIN.

Qu'ordonne ta vengeance?

CASSANDRE.

Que tu t'en ailles.

ARLEQUIN.

Où?

CASSANDRE.

Ça m'est égal.

ARLEQUIN.

Quand ?

CASSANDRE.

» Demain, loin du théâtre, il faut porter tes pas,

ARLEQUIN.

» Quand tu seras couché, tu ne m'y verras pas.

CASSANDRE.

A la bonne heure... sans adieu. (*Il sort.*) Gilles, allons souper.

ARLEQUIN, *dès qu'ils sont sortis.*

Qu'il est donc bête de me donner jusqu'à demain ?

SCÈNE XII.

ARLEQUIN, MAD. TRIMESTRE.

Mad. TRIMESTRE.

EH! bien, l'interrogatoire a été long.

ARLEQUIN.

Nos affaires vont mal.

Mad. TRIMESTRE.

Que t'a dit mon mari ?

ARLEQUIN.

Des sottises.

Mad. TRIMESTRE.

Et tu lui as répondu ?

ARLEQUIN.

Des injures.

Mad. TRIMESTRE.

Eh! puis ?

ARLEQUIN.

Adieu.

Mad. TRIMESTRE.

Adieu!

ARLEQUIN.

Il me chasse, je pars.

Mad. TRIMESTRE.

Et moi, je te suis.

ARLEQUIN.

Tu me suis... et qu'en dira-t-on ?

Mad. TRIMETRE.

Il y a long-tems que je moque du qu'en dira-t-on, cela tient de famille, et si tu m'aimes véritablement....

ARLEQUIN.

Air : *Servantes quittez.*

Tu sais bien que de tes appas,
Mon cœur est idolâtre.

Mad. TRIMESTRE.

Eh ! bien donc, à suivre tes pas
Le mien s'opiniâtre.

ARLEQUIN.

Allons, je cède à tes souhaits,
Et je t'emmène pour jamais,
Si tu peux, avec tes attrais,
Emporter le théâtre.

Mad. TRIMESTRE.

Que ne le puis-je ?

ARLEQUIN.

Sans cela, que ferais-je de toi ? je n'ai pas le sou.

Mad. MRIMESTRE.

C'est vrai... mais n'y aurait-il pas quelque moyen de nous soustraire ?...

ARLEQUIN.

Il n'en est qu'un.

Mad. TRIMESTRE.

Lequel ?

ARLEQUIN.

Effrayant.

Mad. TRIMESTRE.

Parle.

ARLEQUIN.

Horrible.

Mad. TRIMESTRE.

Et certain ?

ARLEQUIN.

Trop certain.

Mad. TRIMESTRE.

C'est bon.

ARLEQUIN.

Frémis.

Mad. TRIMESTRE.

Je frémis, après.

ARLEQUIN.

Air : *D'une abeille toujours chérie.*

De Cassandre, j'aurais envie,
D'être, en tout point, le successeur :
Tu sais que par un bail à vie,
Du théâtre il est possesseur :
Son vain titre pour ma furie,
N'est pas un grand épouvantail,
Je veux bien lui laisser la vie,
Mais je veux lui prendre son bail.

Mad. TRIMESTRE.

Juste ciel ! le voler !

ARLEQUIN.

Eh ! bien, ne le vole pas, attens qu'il ait découvert notre amour, qu'il ait divorcé avec toi, pour épouser cette Colombine-Cassandre, qu'il n'a enlevée que pour la mettre à ta place.

Mad. TRIMESTRE.

A ma place ! quelle lumière affreuse !

Air : *L'Amour veut que l'on soit téméraire.*

Ainsi donc, suivi d'une étrangère,
Il vient en ces lieux
Et sous mes yeux
Le téméraire !
Pour donner a cette aventurière,
Les droits et le nom,
De maitresse de la maison,
Et j'aurais assez peu de courage,
Pour voir, froidement,
Paisiblement,
Un tel outrage !
Je verrais prendre, dans mon ménage,
Un ton que la loi,
Défend à tout autre que moi !
Ah ! plutôt,
Au gré de ma colère,
Plutôt, s'il le faut,
Que de la haut,
Notre tonnerre,
Détruisant et loges et parterre,
Nous écrase tous,
Oui tous,
Et toi-même avec nous.

ARLEQUIN.

Eh ! bien, il faut nous débarasser de Cassandre.

Mad. TRIMESTRE.

Comment ?

ARLEQUIN.

En l'envoyant...

Mad. TRIMESTRE.

Où ?

ARLEQUIN.

Aux Champs-Elysées.

Mad. TRIMESRRE.

Ah ! dieux !

ARLEQUIN.

Finir ses jours dans ta petite maison de l'Allée des Veuves.

Mad. TRIMESTRE.

Ah ! bon cela.

ARLEQUIN.

Mais, avant tout, il faut s'emparer du bail de cette salle : ce papier, où le tient-il ?

Mad. TRIMESTRE.

Dans son porte-feuille.

ARLEQUIN.

Et le porte-feuille ?

Mad. TRIMESTRE.

Le jour, dans sa poche, et la nuit, sous son chevet.

ARLEQUIN.

Eh ! bien, cette nuit même...

Mad. TRIMESTRE.

Et quelle main ?...

ARLEQUIN.

La mienne... ou la tienne.

Mad. TRIMESTRE.

C'est dit... on vient, va encore te cacher.

ARLEQUIN.

J'y songeais. (*Il sort.*)

SCENE XIII.

MAD. TRIMESTRE, CASSANDRE.

Mad. TRIMESTRE.

TIENS ! c'est mon mari... il vient toujours au bon moment.

CASSANDRE.

Pourquoi donc, ma bonne amie, n'es-tu pas venue souper ? Un peu de migraine ? bah ! j'aurais bu à ta santé, tu aurais bu à la mienne, nous aurions chanté la petite chanson.

Mad. TRIMESTRE, *à part.*

Qu'il est bon homme ! j'ai envie de me repentir.

CASSANDRE.

Je suis si content, quand je trinque avec toi.

Mad. TRIMESTRE.

Tu ne sais pas, il faut que je me jette à tes genoux !

CASSANDRE.

Pourquoi donc ?

Mad. TRIMESTRE, *s'y mettant.*

Pour te dire...

CASSANDRE.

Lève-toi... dis moi ça debout.

Mad. TRIMEESTRE.

C'est que tu sauras, mon bon ami...

SCÈNE XIV.

LES PRÉCÉDENS, COLOMBINE, MODESTE, GILLES.

COLOMBINE.

Qui me demande en ces lieux ?

Mad. TRIMESTRE.

Personne. Sans cette bavarde-là, nous allions nous raccommoder.

CASSANDRE.

Que venez-vous faire ici ?

COLOMBINE.

Des prédictions.

CASSANDRE.

Je n'en veux point.

COLOMBINE.

Et moi, j'en veux faire.

CASSANDRE.

Faites donc, puisque ça vous amuse...

COLOMBINE.

Air : *Jardinier ne vois-tu pas.*

Cassandre ne vois tu pas
Que ta femme...

Mad. TRIMESTRE.

Tais-toi, mauvaise langue...

CASSANDRE.

Elle est toujours folle.

COLOMBINE.

Air : *Du vaudeville de la Belle Fermière.*

Je te parle pour ton bien,
Et tu me crois dans le délire,
Mais puisque tu ne vois rien,
Tu me forces de tout prédire.
Ce qu'on voit dans ta maison,
Me rappelle Agamemnon,
Femme trompeuse, amant fripon,
Mari sans énergie,
Tout comme dans la tragédie,
On joue ici la comédie.

CASSANDRE.

Que veut-elle dire ?

GILLES.

Je m'en doute.

COLOMBINE, *à Cassandre.*

Air : *Monsieur l'abbé où allez-vous ?*

Votre femme a beaucoup d'appas,
Pourtant, Cassandre, n'allez pas,
Auprès de cette belle....

CASSANDRE.

Eh bien!

COLOMBINE.

Cette nuit sans chandelle...
Vous m'entendez bien.

Mad. TRIMETRE.

J'espère que non.

CASSANDRE.

Sûrement, mais j'aimerais autant qu'elle parlât d'autre chose.

Mad. TRIMESTRE.

Je vais l'emmener. Allons, mademoiselle, il se fait tard, il est tems de vous retirer dans votre chambre.

COLOMBINE, *à Cassandre.*

Tout ce que je dis est donc inutile ?

CASSANDRE.

Très-inutile.

COLOMBINE, *lui touchant le front.*

Tu ès bien digne de ce qui t'arrive.

Mad. TRIMESTRE, *l'emmenant.*

Allons, allons. (*elles sortent.*)

SCÈNE XV.

CASSANDRE, MODESTE, GILLES.

MODESTE.

ELLE est drôle, cette demoiselle Colombine-Cassandre.

(*Ici l'on fait la nuit.*)

CASSANDRE.

Dis-moi donc, Gilles-Probus, toi qui ès un garçon d'esprit, que penses-tu de toutes ces prédictions-là ?

GILLES.

Ma foi! ta femme, ou votre femme est une bien honnête femme ; mais je crois qu'à ta place, où à votre place, je ne serais pas tranquille.

CASSANDRE.

Et moi, je le suis.

GILLES.

Cet Arlequin déguisé...

CASSANDRE.

Il part demain...

GILLES.

Oui, mais d'ici à demain...

MODESTE.

Est-ce que quelqu'un veut te chagriner, mon petit papa !

CASSANDRE.

Non, mon ami, ce cher enfant! comme il est gentil, pour son âge! aussi va...

Air : *Vaudevile du printems.*

Mon cher Modeste, pour t'instruire
Je ne perdrai pas un moment :
C'est moi qui vais t'apprendre à lire,
Je remplacerai ta maman.
Sur moi seul, il faut que tu comptes,
Nuit et jour, je te soignerai :
Le jour, je te ferai des contes,
Et la nuit, je t'endormirai.

MODESTE, *baillant.*

Eh bien, tout de suite, papa.

CASSANDRE.

Soit.

Air : *O ma tendre musette !*

Plus d'un autre, à ma place,
N'irait pas se coucher,
Mais rien, quoique l'on fasse,
Ne peut m'en empêcher,
Pour moi, c'est une fête,
Après un lustre entier,
De reposer ma tête
Sur mon propre oreiller.

GILLES.

Quoi! sérieusement, vous allez vous coucher ?

CASSANDRE.

Oui.

GILLES.

Tout seul ?

CASSANDRE.

Tout seul.

GILLES.

Tout seul !

CASSANDRE.

O mon dieu! tout seul... moi, dans ma chambre, et mon fils dans son cabinet.

MODESTE.

Bon soir, Gilles.

GILLES.

Bon soir... Celui-là, est-il assez Cassandre?

SCÈNE XVI.

GILLES-PROBUS, MAD. TRIMESTRE.

GILLES, *allant à madame Trimestre.*

MADAME...

Mad. TRIMESTRE.

Que me veux-tu? va, sors, laisse-moi.

GILLES.

Je te laisse, et je vais aussi me coucher. (*il sort.*)

SCENE XVII.

MAD. TRIMESTRE, *seule.*

ME voilà seule... et l'autre ne revient pas m'encourager!.. Je n'en serais pas étonné; il n'est pas plus brave qu'il ne faut... il parle beaucoup, il parle bien, mais, il n'agit pas... Si je savais qu'il voulut me laisser-là, j'irais trouver mon mari... ma foi, oui; allons... mais, la peur me prend.

Air : *En jupon court.*

Voyez donc quel est ma bêtise,
Je n'ôse aborder son chevet,
Et cependant, je m'étais mise
En jupon court, en blanc corset.

Mais qui marche dans l'ombre!.. Si j'en crois mon oreille, c'est Arlequin.

SCENE XVIII.

MAD. TRIMESTRE, ARLEQUIN.

ARLEQUIN.

OUI, c'est moi... As-tu le bail?

Mad. TRIMESTRE.

Pas encore, je t'attends...

ARLEQUIN.

Nous étions pourtant convenus...

Mad. TRIMESTRE.

Oui, mais j'ai réfléchi; il vaut mieux que ce soit toi.

ARLEQUIN.

Moi! ah bien oui.

Air : *Vaudeville de l'île des femmes.*

Si j'allais être, par malheur,
Entendu de monsieur Cassandre !
Il me prendrait pour un voleur.

Mad. TRIMESTRE.

Sois sûr qu'il ne pourra t'entendre :
Dès qu'il commence à sommeiller,
Qu'il pleuve, qu'il vente, qu'il tonne,
Rien ne saurait le réveiller,
Je sais cela mieux que personne.

ARLEQUIN.

Tu sais ce que tu fais ; mais, moi, je sais que je n'irai pas.

Mad. TRIMESTRE.

Quoi ! tu veux absolument ?...

ARLEQUIN.

Oui, je le veux, et je ne conçois pas pourquoi tu balances.

Mad. TRIMESTRE.

Tu ne le conçois pas !

ARLEQUIN.

Du tout.

Mad. TRIMESTRE.

Air : *Quand Vénus sortit de l'onde.*

Dieu ! quelle femme perfide,
Prenant le diable pour guide,
Pourrait abuser ainsi
Du sommeil de son mari !
Une femme être parjure,
Et parjure à ce point-là !
L'amour ainsi QU'LA NATURE
Ne l'ont pas faite pour ça.

ARLEQUIN, *faisant un pas pour s'en aller.*

Allons, il faut encore que je me recache.

Mad. TRIMESTRE.

Attends donc... tu ne songes qu'à te cacher.

ARLEQUIN.

Tant que tu n'auras pas le bail du théâtre...

Mad. TRIMESTRE.

Mais, dame, c'est que...

ARLEQUIN.

Allons, ma bonne amie, un peu de complaisance.

Air : *Tandis que tout sommeille.*

Moi, j'ai la main trop lourde
La tienne vaudra mieux :
Le tems est précieux,
Prends ma lanterne sourde ;

Va doucement,
Adroitement,
Va, ma petite belle,
Jusqu'à lui, marche à pas de loup,
Va, tu ne risques pas beaucoup;
Tandis que tu feras le coup,
Je ferai... sentinelle.

Mad. TRIMESTRE.

J'y vas... je te laisse sans lumière... ne t'avise pas d'avoir peur.

ARLEQUIN.

Non, non... Ne sois pas long-tems.

SCENE XIX.

ARLEQUIN, *seul, se promène à grands pas.*

AH!... me voilà directeur... ça ne m'a pas coûté cher... mais dame, il n'y a pas deux femmes comme celle-là... Cependant, si elle allait manquer!... J'entens du bruit...

CASSANDRE, *derrière le théâtre, poussant un cri prolongé.*

Arrête... Ah! je vous y prens.

(*On entend qu'il bat sa femme.*)

Mad. TRIMESTRE, *criant.*

Ahi... ahi, à l'aide, au secours.

ARLEQUIN.

Au secours! Je me sauve. (*Il va pour sortir, il est arrêté de tous côtés, par les personages qui arrivent, tous un bougeoir à la main.*)

SCENE XX.

TOUS.

TOUS, *arrivant du fond.*

QUELS cris! quel bruit! quel sabat!

CASSANDRE, *tenant sa femme d'une main, et la batte d'Arlequin, de l'autre.*

Air: *Des Trembleurs.*

Eh! quoi, femme de Cassandre,
Vous vouliez voler Cassandre,
Et vous pensiez que Cassandre
Dormirait jusqu'à demain?
Je veux bien être Cassandre;
Mais pourtant, quoique Cassandre,
Je ne suis pas si Cassandre
Que le Cassandre voisin.

Mad. TRIMESTRE.

Ah! mon ami, mon cher mari, pardon, mille fois pardon... je ne le ferai plus.

MODESTE, *caressant Cassandre.*

Mon petit papa, je ne sais pas ce que maman t'a fait, mais pardonne-lui toujours.

GILLES, *à part.*

Moi, je ne lui pardonnerais pas.

COLOMBINE, *à part.*

Je prédis qu'il lui pardonnera.

CASSANDRE, *sanglotant et un mouchoir à la main.*

Ma bonne amie, ma tendre amie, ma fidèle amie, à présent que je t'ai bien corrigée, je ne t'en veux plus : je me raccommode avec le cousin, je lui rends ses armes, dont je n'ai plus besoin, et je consens même à le garder avec nous, à condition pourtant qu'il se marira bien vîte.

ARLEQUIN.

J'y songerai.

GILLES.

Monsieur Cassandre, je vous fais mon compliment; pour un roi de tragédie, vous êtes bon prince.

CASSANDRE.

Ecoute donc, mon bon ami, *distingue.*

VAUDEVILLE.

Air : *Vaudeville d'Alcibiade.*

En scène, je suis un héros ;
Mais chez moi, je suis un bon homme
Et je me souviens à propos
Qu'à Paris on n'est pas à Rome,
Sous la pourpre, j'aurais puni,
Et deshabillé, je pardonne,
Moi, lorsque mon rôle est fini
Je ne veux la mort de personne.

CHŒUR.

Non, lorsque son rôle est fini,
Il ne veut, etc.

GILLES.

Corine a mille adorateurs
Elle a tout ce qu'il faut pour plaire,
Ses attraits fixent tous les cœurs :
Et si Corine ésait sévère
Tous ces messieurs mourraient d'amour :
Mais Corine est sensible et bonne,
Corine dit vingt fois par jour
Je ne veux la mort de personne.

CHŒUR.

Corine, etc.

COLOMBINE.

Vivez heureux, moi, de ce pas
Je retourne dans ma famille,
Et si l'on ne m'épouse pas
Je prédis que je mourrai fille.

ARLEQUIN.

Ne mourez pas, voilà ma main,
Avec plaisir je vous la donne:
Croyez que jamais Arlequin
N'a voulu la mort de personne.

CHŒUR.

Croyez, etc.

Mad. TRIMESTRE.

Quand deux actrices font plaisir,
Censeurs, quel débat est le vôtre,
Entre les deux, pourquoi choisir?
Vouloir immoler l'une à l'autre,
Moi, j'aime à les voir chaque jour,
Du goût, disputer la couronne,
Je les applaudis tour-à-tour,
Je ne veux la mort de personne.

CHŒUR.

Je les applaudis, etc.

ARLEQUIN, *au Public.*

Nous voudrions, et pour raison,
Voir vivre notre parodie,
Mais de tuer Agamemnon,
Nous n'avons pas la folle envie.
Le Vaudeville est né mordant,
Et dans les couplets qu'il fredonne
Il pince, il pique, et cependant
Il ne veut la mort de personne.

CHŒUR.

Il pince, etc.

FIN.

De l'Impr. de MB. DEVERGNE, rue S. Denis, N°. 155.

8

www.ingramcontent.com/pod-product-compliance
Ingram Content Group UK Ltd.
Pitfield, Milton Keynes, MK11 3LW, UK
UKHW022005260726
13994UKWH00004B/1950

9 782329 414621